CARMEN PEÑA

# REFORMA SINODAL Y
# **DERECHO CANÓNICO:**
## POTENCIALIDAD DEL CÓDIGO Y
## SUGERENCIAS DE REVISIÓN

---

Aporte pastoral:
SERENA NOCETI

Bangalore • Barcelona • Buenos Aires • Chennai • Colombo
Dar es Salaam • Hong Kong • Lagos • Madrid • Macao • Manila
Owerri • São Paulo • Warsaw • Yaoundè

*Dirección de colección:* Serena Noceti y Rafael Luciani
*Aporte pastoral:* Serena Noceti
*Diseño de interior y tapa:* Equipo Editorial Claretiana

*Con las debidas licencias eclesiásticas.*

© Consejo Episcopal Latinoamericano y Caribeño CELAM, 2025
  Avenida Boyacá N.° 169D-75 - Código postal 111166
  PBX: 601 484 5804
  celam@celam.org - www.celam.org

© Editorial Claretiana, 2025
  EDITORIAL CLARETIANA
  Lima 1360 – C1138ACD, Ciudad de Buenos Aires, Argentina
  Tel.: (54 11) 4305-9510 – contacto@claretiana.org – www.tiendaclaretiana.com.ar

© Publicaciones Claretianas, 2025
  Juan Álvarez Mendizabal, 65 dupdo, 3º, 28008 Madrid, España
  Tel.: 915 401 267 – publicaciones@publicacionesclaretianas.com
  comercial@publicacionesclaretianas.com – www.publicacionesclaretianas.com

ISBN: 978-84-7966-825-9
Depósito Legal: M-17486-2025

Impreso en España - Printed in Spain
Imprime: Estugraf

# ÍNDICE

# ÍNDICE DE SIGLAS

# INTRODUCCIÓN
## *A LOS CUADERNILLOS DE SINODALIDAD*

Escanea este código QR para
conocer más acerca de la colección.

Desde el inicio de su pontificado, el papa Francisco convocó a la Iglesia a seguir un camino de renovación y reforma misionera y sinodal. Trabajando primero con cambios en la práctica de la celebración de los Sínodos de los Obispos, y luego ofreciendo motivaciones y orientaciones en discursos y documentos, particularmente en la constitución *Episcopalis communio*, nos invita a madurar una visión sinodal de Iglesia, porque "El camino de la sinodalidad es el camino que Dios espera de la Iglesia del tercer milenio"[1].

En 2021 se inició un complejo y articulado proceso sinodal: un Sínodo sobre la Sinodalidad que —a partir de la escucha en las diócesis de todo el mundo y a través de una fase continental y dos asambleas en Roma— está implicando a todos los fieles y a todas las iglesias locales del mundo[2].

El *Informe de síntesis* de la Asamblea sinodal de octubre de 2023 incluye entre sus peticiones la de llegar a una definición más precisa de la sinodalidad. En efecto, los estudios realizados desde la década de 1990 y los numerosos publicados en los últimos diez años presentan diferentes maneras de entender el concepto de "sinodalidad" y hacen hincapié en distintos elementos y perspectivas a la hora de pensar en la "Iglesia sinodal". Como señalan muchos autores, el término "sinodalidad" no pertenece al vocabulario del Concilio Vaticano II ni está presente en el Código de Derecho Canónico de 1983.

El documento de 2018 de la Comisión Teológica Internacional *La sinodalidad en la vida y misión de la Iglesia* nos ofrece una visión de conjunto del tema, dividida en cuatro partes, dedicadas respectivamente al tema en la Escritura, la Tradición

---

1. FRANCISCO, *Discurso con motivo de la Conmemoración del 50 aniversario de la Institución del Sínodo de los Obispos*, 17 de octubre de 2015: AAS 107 (2015) 1139.

2. Todos los materiales están disponibles en <www.synod.va>.

y la Historia (primera parte); a los fundamentos teológicos en el horizonte de la eclesiología del Vaticano II (segunda parte); a las orientaciones pastorales para la realización de una pastoral sinodal y para la necesaria conversión y espiritualidad (partes tercera y cuarta). Este documento constituye un valioso punto de referencia para todos, para los teólogos, para los obispos y presbíteros, para todos los bautizados y bautizadas que emprenden este laborioso y valioso camino sinodal. En los últimos años se han publicado numerosos textos teológicos, libros y artículos en muchas lenguas dedicados al tema de la sinodalidad, que han permitido profundizar en cuestiones históricas, litúrgicas y pastorales. Cada vez es más necesario profundizar en este tema no solo con textos científicos, dirigidos a expertos, sino con subsidios ágiles y populares que ayuden a todos a ser sujetos activos en el camino; como decía Ignacio de Antioquía en el siglo II, para que todos sean *sýnodoi*, es decir, "compañeros de viaje, en virtud de su dignidad bautismal y amistad con Cristo"[3].

Así surgió la idea de los *Cuadernillos de Sinodalidad*: ofrecer libros breves, escritos por expertos, que combinen una reflexión teológico-sistemática esencial sobre distintos aspectos de la sinodalidad con sugerencias operativas, para la reflexión personal y la renovación pastoral, que permitan "llegar a ser una Iglesia sinodal". En efecto, para comprender lo que significa ser una "Iglesia sinodal" no basta con aprender teóricamente, con leer documentos o manuales, sino que es necesario implicarse activamente y aprender *en la praxis* y *desde la reflexión sobre la praxis* en qué consiste, qué implica y, en definitiva, qué significa la sinodalidad.

La perspectiva adoptada es la de una "iniciación a la sinodalidad". En la iniciación cristiana de los adultos, junto al *camino del conocimiento y la comprensión de la doctrina*, de los contenidos de la fe, los catecúmenos son conducidos a "hacerse cristianos" siguiendo el *camino de la oración* (aprender el lenguaje litúrgico experimentándolo), el *camino de la vida comunitaria* y el *camino del servicio del amor*, que está en el corazón de la conversión moral. Del mismo modo, después de recibir los sacramentos de la iniciación cristiana, en el tiempo de la *mistagogía* se comprende profunda y vitalmente lo que ha tenido lugar porque se vive un período de "aprendizaje", en el que la novedad que ha generado el sacramento llega a confrontarse con la vida concreta y con la Palabra de Dios que la ilumina. Llegar a ser "Iglesia sinodal" requiere una "iniciación a la sinodalidad" que implica

---

3. COMISIÓN TEOLÓGICA INTERNACIONAL, *La sinodalidad en la vida y la misión de la Iglesia*, n. 25.

a cada cristiano y a las comunidades en su conjunto: es una experiencia que hay que vivir y una experiencia sobre la que hay que reflexionar. Uno se convierte en *sýnodoi* y en "Iglesia sinodal" si vive de esta manera, convirtiéndose cada vez más profundamente a esta perspectiva y transformando nuestras comunidades en esta dirección. Se llega a ser sinodal construyendo comunidades sinodales: la conversión, la renovación y la reforma están estrechamente relacionadas; no hay una sin la otra. No se trata solo de tener buenas ideas sobre la sinodalidad para aplicarlas; maduran en la medida en que se viven y se apoyan en estructuras y formas organizativas adecuadas.

Por eso, cada *Cuadernillo de Sinodalidad* se divide en dos partes:

» un tratamiento del tema ("Pensar - Comprendiendo la sinodalidad") que identifica hitos, recogiendo lo que han escrito biblistas, teólogos, pastoralistas, que examina retos y cuestiones abiertas y los aborda a la luz de la Escritura y de los documentos del Magisterio;

» una parte ("Iniciación a la sinodalidad") que ofrece propuestas concretas en tres líneas interconectadas: *conversión* sinodal (una propuesta de reflexión y oración a realizar personalmente), *renovación* eclesial en perspectiva sinodal (una propuesta de experiencia a vivir en una comunidad, parroquia, etc.) y *reforma* sinodal (una o dos propuestas para crear o cambiar estructuras pastorales de modo que sean real y efectivamente sinodales).

En la lógica de la "iniciación a la sinodalidad", en los Cuadernillos se profundizará acerca de los *sujetos*, las *dinámicas* dentro de una Iglesia sinodal y las *estructuras* necesarias. El primer Cuadernillo (nº 0), redactado por los dos editores Rafael Luciani y Serena Noceti, ofrece una visión general del tema de la sinodalidad.

Cada cuadernillo puede ser leído-utilizado por sí mismo, o puede formar parte de un itinerario formativo, "iniciático", para una comunidad religiosa, una parroquia, una diócesis, uniendo varios cuadernillos según las diferentes sensibilidades o necesidades pastorales de una comunidad cristiana. Por ejemplo, una parroquia podría crear un itinerario uniendo los *Cuadernillos* sobre los laicos, sobre el *sensus fidei* y la participación, sobre la parroquia sinodal; un consejo presbiteral podría encontrar útil reflexionar sobre el ministerio ordenado, sobre el poder y la autoridad, sobre el seminario o sobre la reforma del derecho canónico, etc.

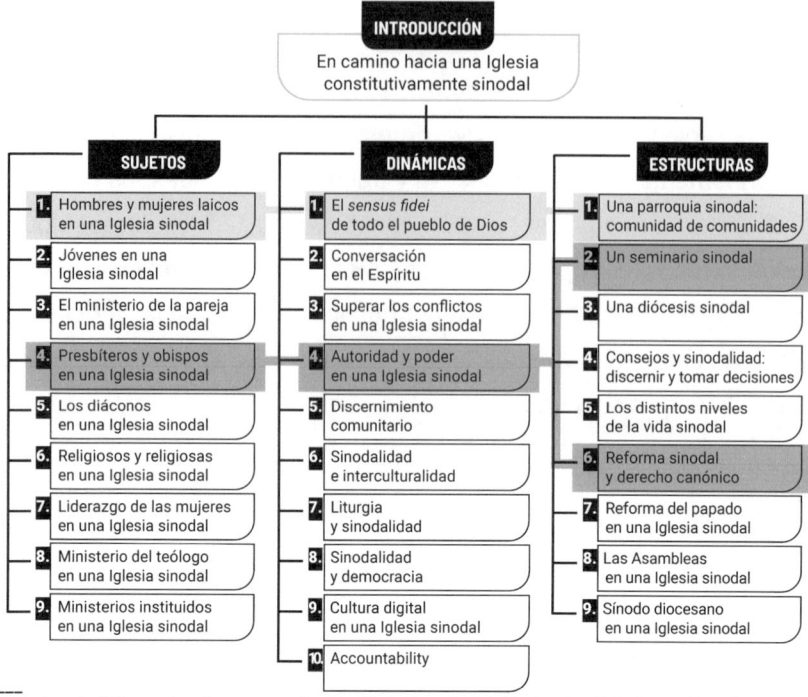

**INTRODUCCIÓN**
En camino hacia una Iglesia constitutivamente sinodal

**SUJETOS**

1. Hombres y mujeres laicos en una Iglesia sinodal
2. Jóvenes en una Iglesia sinodal
3. El ministerio de la pareja en una Iglesia sinodal
4. Presbíteros y obispos en una Iglesia sinodal
5. Los diáconos en una Iglesia sinodal
6. Religiosos y religiosas en una Iglesia sinodal
7. Liderazgo de las mujeres en una Iglesia sinodal
8. Ministerio del teólogo en una Iglesia sinodal
9. Ministerios instituidos en una Iglesia sinodal

**DINÁMICAS**

1. El *sensus fidei* de todo el pueblo de Dios
2. Conversación en el Espíritu
3. Superar los conflictos en una Iglesia sinodal
4. Autoridad y poder en una Iglesia sinodal
5. Discernimiento comunitario
6. Sinodalidad e interculturalidad
7. Liturgia y sinodalidad
8. Sinodalidad y democracia
9. Cultura digital en una Iglesia sinodal
10. Accountability

**ESTRUCTURAS**

1. Una parroquia sinodal: comunidad de comunidades
2. Un seminario sinodal
3. Una diócesis sinodal
4. Consejos y sinodalidad: discernir y tomar decisiones
5. Los distintos niveles de la vida sinodal
6. Reforma sinodal y derecho canónico
7. Reforma del papado en una Iglesia sinodal
8. Las Asambleas en una Iglesia sinodal
9. Sínodo diocesano en una Iglesia sinodal

_____
(\*) Ejemplos de "itinerarios formativos" para distintas comunidades/realidades eclesiales. En este caso, para una parroquia y para un consejo presbiteral.

La propuesta de los *Cuadernillos* pretende conjugar un tratamiento orgánico de las cuestiones y temas más relevantes para ofrecer una visión lo más completa posible de la materia, con la flexibilidad y sencillez de uso: cada consejo pastoral, cada párroco, cada obispo, cada superior religioso puede encontrar sugerencias y materiales que respondan y se adecuen a las necesidades específicas y diversas de la comunidad de la que son animadores y responsables.

Como nos recuerda el documento de la Comisión Teológica Internacional sobre la sinodalidad, citando al papa Francisco,

> Caminar juntos [...] es el *camino constitutivo de* la Iglesia; *la figura* que nos permite interpretar la realidad con los ojos y el corazón de Dios; *la condición* para seguir al Señor Jesús y ser servidores de la vida en este tiempo herido. El aliento y el paso sinodal revelan lo que somos y el dinamismo de comunión que anima nuestras decisiones. Solo en este horizonte podremos renovar verdaderamente nuestra pastoral y adaptarla a la misión de la Iglesia en el mundo de hoy; solo así podremos afrontar la complejidad de este tiempo, agradecidos por el camino recorrido y decididos a continuarlo con *los feligreses* (n. 120).

Serena Noceti - Rafael Luciani

# PRIMERA PARTE
# REFORMA SINODAL Y
# DERECHO CANÓNICO:
## POTENCIALIDAD DEL CÓDIGO
## Y SUGERENCIAS DE REVISIÓN

Escanea este código QR
para conocer más acerca
de este Cuadernillo.

## 1. PENSAR – COMPRENDIENDO
## LA SINODALIDAD

### 1.1. Proceso sinodal y derecho canónico

El proceso abierto por el Sínodo sobre la sinodalidad es una llamada a profundizar en la naturaleza sinodal de la Iglesia. Se trata de seguir avanzando en la recepción del Concilio Vaticano II, profundizando en la concepción de la Iglesia como pueblo de Dios, con especial atención a los principios de comunión episcopal y de participación y corresponsabilidad de todos los bautizados, todo ello desde una perspectiva evangelizadora, desde la conciencia de que esta es la misión fundamental de toda la Iglesia.

Dada la profunda vinculación entre teología y derecho canónico, esta profundización eclesiológica llevará a su vez a la revisión normativa de algunas instituciones[4]. La sinodalidad no es solo un *estilo*, ni tampoco se agota ni se

---

4. Entre otros, A. Borras, "¿Qué hay que cambiar en el derecho canónico para una auténtica sinodalidad?", en R. Luciani - S. Noceti - C. Schickendantz (coords.), *Sinodalidad y reforma. Un desafío ecle-

identifica totalmente con la celebración de los Sínodos. El actual proceso sinodal nos anima a vivir la sinodalidad más allá del evento de los Sínodos, realizándola en la vida cotidiana de la Iglesia, de modo que impregne toda su actuación, siempre con vistas al fin último: la misión. Es una llamada, como recordó Francisco en su discurso de inauguración del actual Sínodo, el 9 de octubre de 2021[5], a seguir avanzando hacia la consecución de una Iglesia *estructuralmente* sinodal, en la que la sinodalidad no aparezca como algo ocasional, sino que todas las estructuras, modos de actuar y procesos reflejen esta naturaleza sinodal.

En concreto, es una llamada a plasmar más eficazmente la concepción de la Iglesia como "pueblo de Dios en camino", lo que supone el reconocimiento de la radical —por provenir del bautismo— corresponsabilidad de todos los fieles en la vida y misión de la Iglesia, así como la necesidad de una actitud dinámica, de escucha y participación de todo el pueblo. Este foco en el pueblo de Dios y en el bautismo supone afirmar la radical implicación de los fieles en la misión de la Iglesia, por participar todos los bautizados de la *función de santificar, de enseñar y de regir* de la Iglesia, y, más ampliamente, de su fundamental vocación evangelizadora

La implantación de una Iglesia *estructuralmente* sinodal exigirá tomar en consideración la *actual regulación canónica*, recogida en los dos códigos existentes en la Iglesia: el Código de Derecho Canónico (CIC) para la Iglesia latina y el Código de Cánones de las Iglesias Orientales (CCEO) para estas, así como también en otras leyes canónicas no incluidas en el Código. Se trata de una legislación que abre ya numerosos cauces de participación de todo el pueblo de Dios en la misión de la Iglesia, aunque se trata de posibilidades muchas veces desconocidas, o bien insuficiente o deficientemente aplicadas en muchas iglesias locales. Hay todavía un amplio margen de aplicación y profundización

---

*sial*, PPC, Madrid 2022, 137-162; C. Fantappiè, *Per un cambio di paradigma. Diritto canonico, teologia e riformi della Chiesa*, EDB, Bolonia 2019; A. Viana, "Teología y Derecho canónico en diálogo sobre la sinodalidad", en AA. VV., *Lex Rationis Ordinatio. Studi in onore di Patrick Valdrini*, Luigi Pellegrini Editore, Cosenza 2022, 1508-1526; M. Wijlens, "La Iglesia de Dios es convocada en sínodo. Desafíos teológicos y canónicos con relación al Sínodo 2021-23", en R. Luciani - S. Noceti - C. Schickendantz (coords.), *Sinodalidad y reforma. Un desafío eclesial*, cit., 35-77; etc.

5. <https://www.vatican.va/content/francesco/es/speeches/2021/october/documents/20211009-apertura-camminosinodale.html>.

en el derecho vigente, que prevé y abre la puerta a muchas vivencias de sinodalidad.

Esto no supone defender un planteamiento inmovilista, pegado a la ley positiva vigente. Previsiblemente, la profundización eclesiológica en la sinodalidad suscitará cambios en la regulación canónica de las estructuras eclesiales[6]. De hecho, ya en la primera sesión de la Asamblea General del Sínodo (octubre 2023) estuvieron muy presentes las referencias al Derecho canónico: así, en la *Relación de síntesis* (= RS) aprobada en dicha reunión, *Una Iglesia sinodal en misión*[7], eran frecuentes las alusiones a la necesidad de una adecuación canónica de las instituciones eclesiales desde la clave de la sinodalidad, afectando a cuestiones tan variadas como la reagrupación de iglesias locales y la regulación de las demás estructuras eclesiales, el ejercicio sinodal del ministerio papal, la relación entre orden y jurisdicción, la cultura de la transparencia y la prevención de los abusos en la Iglesia, la más amplia participación de la mujer en la vida eclesial, los caminos para la unidad de los cristianos y la recepción de los sacramentos fuera de la propia confesión, etc. Es más, las mutuas implicaciones entre reforma sinodal y renovación del derecho canónico eran de tal grado que entre las primeras propuestas globales del documento de la primera asamblea sinodal se encontraba la llamada a aclarar "las implicaciones canónicas de la sinodalidad" (RS 1.q) y, más concretamente, a estudiar la posibilidad de "una revisión del Código de Derecho Canónico" desde esta perspectiva de la sinodalidad (RS 1.r).

Tras un año de reflexión en las iglesias locales y la celebración de la segunda Asamblea General del Sínodo en octubre de 2024, el *Documento final* (=DF) *Por una Iglesia sinodal: comunión, participación y misión*, del 26 de octubre de 2024, mantiene la llamada a aplicar el derecho canónico vigente en clave sinodal, así como a revisar aquellas disposiciones que no reflejen adecuadamente esta dimensión. Este documento fue aprobado por el Romano Pontí-

---

6. C. Peña, "Participación de los canonistas en la actividad normativa de una Iglesia en clave sinodal", en I. Zuanazzi - M. Chiara Ruscazio - V. Gigliotti (coords.), *La sinodalità nell'attività normativa della Chiesa. Il contributo della scienza canonistica alla formazione di proposte di legge*, Mucchi Editore, Modena 2023, 59-72.

7. <https://www.synod.va/content/dam/synod/assembly/synthesis/spanish/2023.10.28-ESP-Synthesis-Report_IMP.pdf>.

fice pasando a formar parte "del magisterio ordinario del Sucesor de Pedro", conforme a la *Nota de acompañamiento* de Francisco, del 24 de noviembre de 2024, que destaca cómo "las iglesias locales y las agrupaciones de Iglesias están llamadas ahora a implementar, en los diversos contextos, las indicaciones autorizadas contenidas en el *Documento*, a través de los procesos de discernimiento y toma de decisiones previstos por el derecho y por el *Documento* mismo"[8].

---

8. <https://www.synod.va/content/dam/synod/news/2024-10-26_final-document/ESP---Documento-finale.pdf>.

# 2. EL DERECHO CANÓNICO, MUCHO MÁS QUE EL CÓDIGO: EL PAPEL PROTAGONISTA DE LAS IGLESIAS PARTICULARES

El derecho canónico no se agota en los códigos latino y oriental, sino que se despliega a través de todas las leyes y restante normativa canónica. De hecho, en los últimos años del pontificado de Francisco, además de modificarse muchos cánones del Código, se han promulgado nuevas leyes que pretenden dotar a la Iglesia de una regulación que refleje fielmente su naturaleza y que le permita cumplir más adecuadamente su misión.

Especialmente significativa es la reforma —desde criterios expresos de sinodalidad y participación— de la Curia romana, órgano de gobierno del Santo Padre, mediante la constitución apostólica *Praedicate Evangelium* del 19 de marzo de 2022, que tendrá consecuencias en la concepción del gobierno en la Iglesia y de la participación de los fieles laicos en la potestad de régimen.

Y ya con anterioridad, la modificación de la regulación de los Sínodos de los Obispos mediante la c. a. *Episcopalis communio,* del 15 de septiembre de 2018, abrió la puerta a una renovada y más profunda vivencia de la sinodalidad[9].

Por otro lado, es importante destacar que el derecho canónico no se agota en la ley universal, emanada del Romano Pontífice, sino que incluye el *derecho particular*. También a nivel local, en las iglesias particulares, hay un amplio campo de creación y de aplicación del derecho que abre interesantes posibilidades a la articulación de comunidades eclesiales más sinodales. Cualquier reflexión sobre la sinodalidad exige no dejar de lado la diversidad de contextos culturales, problemas pastorales, tradiciones eclesiales e incluso las diferencias organizativas y económicas entre las iglesias que se encarnan en diversos territorios y continentes[10].

9. A. BORRAS, "¿Qué caminos nos abre "Episcopalis communio" de cara a una reforma sinodal de la Iglesia católica?", *Estudios Eclesiásticos* 97 (2022) 801-839.

10. A. BORRAS, "*Episcopalis communio*: mérites et limites d'une réforme institutionelle", *Nouvelle Revue Théologique* 141 (2019) 66–88; C. FANTAPPIÉ, *Metamorfosi della sinodalità. Dal Vaticano II a papa Francesco,* Mar-

Ciñéndonos a lo recogido en el Código, encontramos diversas manifestaciones de esto:

a) El obispo, como cabeza de la iglesia particular, es legislador en su diócesis y puede dictar leyes propias, a la vez que tiene un amplio margen para fijar en qué modo aplicar lo dispuesto en la legislación universal.

b) También otros organismos eclesiales supradiocesanos, especialmente las conferencias episcopales, tienen reconocida una cierta capacidad normativa que permite la inculturación y adaptación de la ley universal a las concretas circunstancias culturales, geográficas, sociales o eclesiales.

c) Y, aunque es más difícil de concretar, también la comunidad de fieles, en aplicación normativa de su *sensus fidelium*, es sujeto creador de derecho a través de la *costumbre*, ampliamente reconocida como fuente de derecho en el ordenamiento eclesial (cc. 23-28 CIC y cc. 1506-1509 CCEO) [11], lo que constituye también una manifestación de sinodalidad.

A diferencia de muchos ordenamientos civiles, en derecho canónico la costumbre no es solo "la mejor intérprete de la leyes" (c. 27), sino que puede *crear* derecho a través del mantenimiento a lo largo del tiempo de una determinada conducta "con intención de introducir derecho" (c. 25), si la comunidad considera esa conducta como *vinculante* en su vivencia eclesial; y puede incluso *derogar* leyes dadas por el legislador (c. 26), pues si la comunidad de fieles no recibe y acepta la ley emanada de la autoridad jerárquica, esta falta de recepción puede llegar, pasado el tiempo, a privarla de fuerza vinculante.

Esta valoración canónica de la costumbre —pese a su dificultad de concreción— pone de manifiesto el *carácter dialógico* de la ley, que exige tanto la emisión por el legislador como la efectiva recepción por sus destinatarios, y viene a apoyar también la importancia de la participación de los fieles en los procesos de formación de las leyes.

---

cianum Press, 2022, 81.

11. En este estudio, nos centraremos preferentemente en el derecho canónico latino, por ser el que atañe a la mayoría de los fieles católicos, aunque es importante dejar constancia de la riqueza del derecho canónico oriental. De hecho, no faltan en el DF del Sínodo referencias a la necesidad de reforzar la colaboración entre la Iglesia católica latina y las Iglesias católicas orientales (DF, n. 133).

# 3. PAPEL Y SENTIDO DEL
## DERECHO CANÓNICO EN LA IGLESIA

El derecho canónico, sea universal o particular, tiene unas características propias: su naturaleza instrumental, su sentido y finalidad profundamente pastoral, y su carácter dinámico[12].

Afirmar el *carácter instrumental* del derecho canónico es reconocer que la regulación positiva debe estar siempre supeditada a la naturaleza misma de la Iglesia tal como es percibida por el magisterio y la comunidad eclesial. En cada momento histórico, el derecho canónico será la "traducción jurídica" de los principios eclesiológicos vigentes, a los que la normativa canónica aporta operatividad, haciéndolos *eficaces*. Así lo afirma expresamente la constitución apostólica por la que se promulgó el Código de Derecho Canónico de 1983[13], que reconocía que la función del Código "no es en modo alguno sustituir en la vida de la Iglesia y de los fieles la fe, la gracia, los carismas y sobre todo la caridad", sino "permitir su crecimiento ordenado".

Esta naturaleza instrumental explica también el carácter *dinámico* del derecho canónico, siempre abierto a ulteriores revisiones, en línea con el principio teológico *Ecclesia semper reformanda*. De ahí que, lejos de todo inmovilismo, el derecho canónico va cambiando y ajustándose para dar respuesta a las nuevas necesidades pastorales, o para reflejar de modo más adecuado la naturaleza de la Iglesia.

Por su carácter instrumental y su naturaleza eclesial, el Derecho canónico no puede ser concebido como un fin en sí mismo, sino que viene supeditado siempre al fin último de la Iglesia: la salvación de las personas y el anuncio del

---

12. C. PEÑA, "La intrínseca naturaleza pastoral del Derecho Canónico", en C. PEÑA (Dir.), *Derecho canónico y pastoral. Concreciones y retos pendientes*, Dykinson, Madrid 2021, 15-24.

13. "Este nuevo Código puede considerarse como un gran esfuerzo por traducir a lenguaje canónico la eclesiología conciliar": JUAN PABLO II, Constitución Apostólica *Sacrae disciplinae leges*, del 25 de enero de 1983, por la que se promulga el Código de Derecho Canónico.

Evangelio. Así lo afirma el canon que cierra el Código: la *salus animarum* es y "debe ser siempre la ley suprema en la Iglesia" (c. 1752). La *finalidad pastoral* del derecho canónico implica que está ordenado esencialmente al bien de los fieles y al fin último de la Iglesia. Como todas las realidades eclesiales, el derecho canónico encuentra su fundamento último en su contribución al fin evangelizador y pastoral de la Iglesia.

En definitiva, el derecho canónico no es algo contrario a lo carismático y pastoral, ni algo ajeno a la naturaleza de la Iglesia, sino algo cuyo fundamento se encuentra precisamente radicado en la naturaleza de la Iglesia como "comunidad" de fieles, como "pueblo". En el derecho canónico, esta contribución se hace *desde* —no *a pesar de*— su especificidad jurídica, que intenta armonizar del modo más adecuado posible los distintos valores y derechos a proteger, realizando la virtud de la justicia; se persigue crear un marco de seguridad jurídica, de libertad y de armónica colaboración de los diversos carismas en pro del bien común y del fin último de la Iglesia, que evite toda arbitrariedad, incluso la realizada en aras de fines loables.

El papa Francisco reconocía este valor intrínseco del derecho canónico y de lo jurídico en la vida y misión de la Iglesia, animando a los fieles a

amar el derecho canónico "por su necesidad intrínseca y por su aplicación práctica: una sociedad sin derecho sería una sociedad carente de derechos. *El derecho es una condición del amor*" (Benedicto XVI). Dar a conocer y aplicar las leyes de la Iglesia no es una traba para la presunta "eficacia" pastoral de quienes quieren resolver los problemas sin el derecho; al contrario, es la *garantía de la búsqueda de soluciones no arbitrarias, sino verdaderamente justas y, por tanto, verdaderamente pastorales*. Evitando soluciones arbitrarias, el derecho se convierte en un baluarte válido en defensa de los últimos y de los pobres, en un escudo protector para aquellos que corren el riesgo de ser víctimas de los poderosos de turno. Lo vemos hoy; vemos cómo en este contexto de guerra mundial a trozos, siempre hay una ausencia del derecho, siempre. *Las dictaduras nacen y crecen sin el derecho. En la Iglesia no puede pasar eso*[14].

---

14. FRANCISCO, *Discurso a los participantes en la plenaria del Pontificio Consejo para los Textos Legislativos*, 21 de febrero de 2020, cit. Las cursivas son nuestras.

# 4. MANIFESTACIONES SINODALES EN EL DERECHO CANÓNICO VIGENTE: LA IMAGEN DE LA IGLESIA COMO PUEBLO DE DIOS Y LA CENTRALIDAD DEL BAUTISMO

El Código de 1983 tiene su origen en el Concilio Vaticano II, del que pretende ser "traducción jurídica". De ahí que sus principales novedades respecto al derecho anterior deriven de la eclesiología conciliar:

> De entre los elementos que expresan la verdadera y propia imagen de la Iglesia, han de mencionarse principalmente la doctrina que propone a la Iglesia como pueblo de Dios y a la autoridad como servicio... y la doctrina según la cual todos los miembros del pueblo de Dios participan, a su modo propio, de la triple función de Cristo, la sacerdotal, la profética y la regia, junto con la doctrina que considera los derechos y deberes de los fieles cristianos y concretamente de los laicos[15].

Estas novedades canónicas derivadas de la eclesiología conciliar se reflejan en muchos cánones del Código que siguen siendo de total actualidad y que pueden constituir una base sólida para avanzar en sinodalidad. Así, frente a la Iglesia fuertemente jerarquizada que recogía el derecho anterior, el Código de 1983 parte del reconocimiento expreso de la igualdad de los fieles, derivada del bautismo (c. 208), que hace a todos los fieles partícipes, según la propia condición, en la triple función sacerdotal, profética y real de Cristo (c. 204) y responsables de cumplir la misión última de la Iglesia. En el Código, el sujeto de la misión es la Iglesia entera, como pueblo de Dios, con la totalidad de sus ministerios y vocaciones, siendo el bautismo el sacramento que llama a todos los fieles laicos a participar en la comunión y misión de la Iglesia.

---

15. *Sacrae disciplinae leges*, cit.

Derivado de esta centralidad del bautismo y de la renovación eclesiológica, el Código sistematiza y reconoce la existencia de unos derechos fundamentales de los fieles, configurados como derechos propios e inalienables de rango constitucional. Significativamente, el Código de Derecho Canónico toma como punto de partida los derechos comunes *a todos los fieles*, con independencia de su condición o estado de vida en la Iglesia (clerical, laical, consagrada), y reconoce a todo bautizado una serie de derechos-deberes que tienen una fuerte potencialidad de cara a una vivencia verdaderamente sinodal de la Iglesia: así, se reconoce a todo fiel el *derecho de iniciativa apostólica* (c. 216) y el *derecho-deber a trabajar en la evangelización* (c. 211), *el derecho de asociación, el derecho de fundar y dirigir asociaciones* (c. 215), el *derecho fundamental a vivir la propia espiritualidad* (c. 214), el derecho a la libre elección del estado de vida (c. 219), el derecho a la buena fama y a la propia intimidad (c. 220), el derecho a recibir ayuda espiritual de los Pastores (c. 213) y formación cristiana (c. 217), el derecho a la libertad de investigación teológica y a la manifestación de sus resultados (c. 218)...

Especial relevancia de cara a la sinodalidad tiene el c. 212,3 que reconoce el *derecho-deber a la manifestación de la propia opinión sobre el bien de la Iglesia, tanto a los pastores como a los demás fieles*. Este derecho refleja la responsabilidad propia de los fieles en la marcha de la Iglesia, superando una visión excesivamente vertical de la autoridad de los pastores que sería correlativa a una actitud pasiva de los fieles. Recientemente, la c. a. *Episcopalis communio* ha avanzado en la concreción de este principio, reconociendo el derecho de los fieles, tanto individual como asociadamente, a dirigirse directamente a la Secretaría del Sínodo a exponer su parecer sobre el tema a discutir (art. 7,2).

Tras el reconocimiento de estos derechos de todo bautizado, el Código explicita los derechos de los fieles laicos, recogiendo algunos tan significativos como el derecho-deber a la evangelización y al apostolado, tanto individual como asociadamente (c. 225,1), el deber de perfeccionar el orden temporal con el espíritu evangélico y derecho a la libertad de actuación en los asuntos terrenos (cc. 225,2 y 227), el derecho —los llamados al matrimonio— a edificar el pueblo de Dios a través de su vida matrimonial y familiar, y el derecho-deber de educar a los hijos (c. 226), el derecho-deber a la formación en la doctrina cristiana (c. 229,1), el derecho a estudiar ciencias sagradas y a obtener grados académicos en universidades o facultades eclesiásticas y en los institutos de ciencias religiosas (c. 229,2), la capacidad de enseñar ciencias sagradas (c. 229,3) en facultades eclesiásticas y seminarios, la capacidad para desempeñar encargos eclesiales y para ocupar oficios eclesiásticos (c. 228,1), la capacidad de asesorar a los pastores y formar parte de consejos (c. 228,2), la capacidad de ser instituidos para el ministerio estable del acolitado y del lectorado así como la capacidad de los no instituidos de desempeñar todas sus funciones, por encargo temporal o en suplencia de clérigos (c. 230); etc.

Es importante destacar que, en el ámbito del laicado (entendiendo por laicos a los no ordenados), el Derecho canónico no recoge ninguna distinción entre varones y mujeres, por lo que todos estos derechos de los laicos se predican por igual para ambos: los ministerios laicales, así como todos los encargos y oficios eclesiásticos que pueden ser encomendados a los laicos, podrán ser ejercidos tanto por varones como por mujeres —incluidas las religiosas— sin que haya una preferencia legal de un sexo respecto del otro[16].

Obviamente, ninguno de estos derechos es ilimitado, debiendo actuarse siempre no en clave egocéntrica, como un derecho individual, sino mirando al bien común de la Iglesia y respetando también los derechos de los demás (c. 223); además, su concreto ejercicio vendrá de algún modo matizado por la condición propia del fiel. En esta misma línea, el *Documento final* del Sínodo advierte contra el peligro de absolutizar la sola condición de bautizado, separándola de la lógica de la iniciación cristiana y la comunión eclesial: "no es posible comprender plenamente el Bautismo sino dentro de la iniciación cristiana" (DF 24)[17].

---

16. C. PEÑA, "La mujer en la Iglesia Católica: situación canónica actual y perspectivas abiertas por la sinodalidad", *Ius Canonicum* 63 (2023) 621-662; I. ZUANAZZI, "La condizione della donna nella Chiesa cattolica: il paradigma della «reciprocità nell'equivalenza e nella differenza»", *Quaderni di diritto e politica ecclesiastica* 26 (2018) 25-50. Cuestión distinta es la problemática teológica referida a la posibilidad de conferir a las mujeres las órdenes sagradas; sobre el diaconado femenino, S. MARTÍNEZ CANO y C. SOTO (eds.), *Mujeres y diaconado. Sobre los ministerios en la Iglesia*, Verbo Divino, Navarra 2019; S. NOCETI (ed.), *Diáconas: un ministerio de la mujer en la Iglesia*, Sal Terrae, Cantabria 2017; etc.

17. Se recoge así la advertencia de RS 3,g: "El sacramento del bautismo no puede ser comprendido de modo aislado, fuera de la lógica de la iniciación cristiana, ni mucho menos de manera individualista. Es preciso, por tanto, ahondar ulteriormente en la comprensión de la sinodalidad que puede provenir de una visión más unitaria de la iniciación cristiana".

Se trata de una advertencia oportuna, que aconseja repensar el papel de la confirmación como sacramento de la madurez cristiana, la vivencia de la Eucaristía, o incluso la propia vocación. Pero, en cualquier caso, la afirmación explícita en el Código de Derecho Canónico de estos derechos como propios de todo bautizado, así como el reconocimiento de amplios derechos de rango constitucional a los laicos, supone un avance significativo en orden a la identificación del *sujeto eclesial* y al reconocimiento de la participación y corresponsabilidad de todos los fieles —no solo de alguna categoría de ellos— en la misión eclesial.

Este reconocimiento explícito, en el Código, de la corresponsabilidad de todos los bautizados en la misión de la Iglesia permitirá ir avanzando hacia "una Iglesia toda ministerial". Se trata de un ámbito donde la creatividad e iniciativa de las iglesias locales, detectando sus necesidades específicas, es fundamental: a nivel universal están reconocidos los ministerios laicales de lector, acólito y catequista, pero a nivel de iglesias particulares cabría reconocer, en su caso, otros carismas o ministerios que se vieran necesarios para la comunidad eclesial: así, ya la *Relación de síntesis* de la asamblea de 2023 sugería la posibilidad de reconocer el ministerio de matrimonios cristianos en la formación y acompañamiento de novios y matrimonios (RS 8,n) [18], ministerio que el *Documento final* fundamenta en la "misión particular" de los esposos cristianos, que "concierne al mismo tiempo a la vida de familia, a la edificación de la Iglesia y al compromiso en la sociedad" (DF 64). También se ha sugerido la posibilidad de discernir otros posibles ministerios, como el de la escucha y el acompañamiento, el *counseling* pastoral (DF 78), el ministerio de la caridad, o aquellas vías de colaboración de los laicos —como ministros extraordinarios— en la administración de sacramentos y sacramentales, conforme a la vigente regulación canónica (DF 76).

En cualquier caso, más allá del posible reconocimiento de nuevos ministerios laicales instituidos, esto exigirá un replanteamiento en profundidad de la ministerialidad laical, que supere la concepción de estos ministerios laicales como extraordinarios o como subsidiarios del ministerio ordenado y favorezca

---

18. Se trata de una sugerencia de origen sinodal, derivada de la necesidad detectada en el Sínodo de la Familia de mejorar la preparación al matrimonio y el acompañamiento a las nuevas familias: C. Peña, "Interpelaciones sinodales al derecho matrimonial: de los itinerarios catecumenales de preparación al matrimonio a la relevancia del discernimiento, el *bonum coniugum* y la apertura al *bonum familiae*", *Estudios Eclesiásticos* 97 (2022) 1079-1116.

el reconocimiento de la diversidad de dones y carismas en el pueblo de Dios, evitando el clericalismo en la concepción y funcionamiento de la Iglesia[19]. No se trata tanto de multiplicar el reconocimiento de cada servicio o actividad eclesial como nuevos "ministerios", sino de fomentar y vivir con naturalidad la ministerialidad laical y la participación responsable y activa de los laicos en la vida y misión de la Iglesia[20], tanto *ad intra* como *ad extra*, pues "la misión implica a todos los bautizados. La primera tarea de los laicos, hombres y mujeres, es impregnar y transformar las realidades temporales con el espíritu del Evangelio" (DF 66). En este sentido, aclara el *Documento* que "no todos los carismas deben configurarse como ministerios, ni todos los bautizados deben ser ministros, ni todos los ministerios deben ser instituidos" (DF 66), correspondiendo a las iglesias locales discernir, a la luz de las necesidades pastorales, qué carismas conviene que adopten la forma ministerial, instituida o no.

---

19. M. García-Nieto Barón, *La presencia de la mujer en el gobierno de la Iglesia: perspectiva jurídica*, EUNSA, Pamplona 2023; C. Peña, "Proyecciones y cambios canónicos de cara a una efectiva participación del laicado en la vida eclesial", en C. Kuzma (dir.), *El laicado en una Iglesia sinodal. Corresponsabilidad, participación y misión*, San Pablo, Madrid 2024, 185-214; I. Zuanazzi, "La corresponsabilità dei fedeli laici nel governo della Chiesa", en Gruppo italiano Docenti di Diritto Canonico (eds.), *Il governo nel servizio della comunione ecclesiale*, Glossa, Milán 2017, 132-144.

20. C. Peña, "Ministerialidad laical en una Iglesia sinodal", en R. Luciani - M. T. Compte (coords.), *En camino hacia una Iglesia sinodal De Pablo VI a Francisco*, Ed. PPC-Fundación Pablo VI, Madrid 2020, 305-326.

# 5. ESTRUCTURAS DIOCESANAS
## DE PARTICIPACIÓN

Como destacaba el Papa en su discurso con motivo del 50 Aniversario de la institución del Sínodo de los Obispos, el ámbito diocesano constituye "el primer nivel de ejercicio de la sinodalidad"[21].

El Código recoge varias instituciones en las que, sin poner en cuestión el papel insustituible del obispo al frente de la diócesis, se concreta esta llamada a la participación y a la corresponsabilidad: los sínodos y asambleas diocesanas, los diversos consejos y la misma curia diocesana.

### a) El Sínodo diocesano y las asambleas diocesanas

El *Sínodo diocesano* viene regulado en los cc. 460-ss como una "asamblea de sacerdotes y de otros fieles" para discernir las necesidades de la iglesia particular y ayudar al obispo en el gobierno, lo que le convierte en la más importante estructura de participación diocesana. Es un evento que refleja la comunión de los diversos carismas, y que tiene un carácter fundamentalmente normativo: busca ayudar al obispo a regular aspectos importantes de la iglesia local, así como establecer el modo de aplicar o adaptar las leyes universales a la concreta situación diocesana[22], por lo que es importante que su convocatoria centre bien el tema a tratar, para evitar la dispersión en los debates, propuestas muy generales, etc.

Se trata, en cualquier caso, de un evento que, por su solemnidad y complejidad de organización, no tiene regulada legalmente su periodicidad; será el obispo

---

21. < http://w2.vatican.va/content/francesco/es/speeches/2015/october/documents/papa-francesco_20151017_50-anniversario-sinodo.html>.

22. Históricamente, las "constituciones y decretos sinodales" han tenido gran importancia normativa, siendo promulgados como leyes por el obispo: J. San José Prisco, "Las estructuras de la sinodalidad en la Iglesia local: consideraciones canónicas", en S. Madrigal (ed.), *La sinodalidad en la vida y misión de la Iglesia. Texto y comentario del documento de la Comisión Teológica Internacional*, BAC, Madrid 2019, 141-174.

quien lo convoque cuando lo vea necesario, siendo complicado que se produzca con frecuencia. Por este motivo, aunque no vienen recogidas en el Código, el n.175 del directorio *Apostolorum successores* (2004) prevé la posibilidad de celebrar otras *asambleas diocesanas*[23], menos solemnes pero más continuadas, también de carácter consultivo, en las que se aplican en lo posible, pero de modo más flexible, las normas de los sínodos.

Por la importancia de estos sínodos y asambleas diocesanas, tanto para la planificación de la actividad pastoral como para la rendición de cuentas y evaluación de lo actuado, el *Documento final* propone que se valoren más y se reúnan con periodicidad regular y la mayor frecuencia posible (DF 108).

En cualquier caso, tanto el sínodo como la asamblea diocesana constituyen acontecimientos o eventos eclesiales importantes, pero, por su propia naturaleza, *ocasionales*. A mi juicio, sin negar la importancia eclesial de estos eventos, la vivencia de una Iglesia *constitutivamente sinodal* se logrará también —y de modo más eficaz— a través de aquellos mecanismos o instituciones que, con carácter *estable*, permiten la participación de otros fieles en la vida de la Iglesia, auxiliando al obispo en el *gobierno ordinario* de la diócesis, como son los diversos consejos regulados en el Código y, más ampliamente, la curia diocesana.

## b) El consejo presbiteral y el colegio de consultores

El *consejo presbiteral* (c. 495-ss) es un consejo o "senado" del obispo, de carácter obligatorio y permanente, que tiene una función *representativa* de los sacerdotes de la diócesis, por lo que la mitad de sus miembros son elegidos libremente por los propios sacerdotes, siendo el resto miembros designados en virtud del oficio que desempeñan en la diócesis o directamente nombrados por el obispo. Su función es asesorar al obispo en las cuestiones más importantes que afectan a la vida de la diócesis, ayudándole en el gobierno ordinario.

Tiene carácter consultivo, salvo que el obispo concediera carácter deliberativo a sus decisiones. En cualquier caso, el obispo debe al menos consultarle antes

---

23. Así lo recoge también el n. 82 del documento de la COMISIÓN TEOLÓGICA INTERNACIONAL, *La sinodalidad en la vida y misión de la Iglesia*, de 2018: <http://www.vatican.va/roman_curia/congregations/cfaith/cti_documents/rc_cti_20180302_sinodalita_sp.html>.

de tomar decisiones relevantes, como la celebración del sínodo diocesano, la erección o supresión de parroquias, para decidir la retribución de los clérigos y el destino de las ofrendas parroquiales, para el establecimiento de los consejos pastorales parroquiales, para la edificación de una iglesia o la reducción a uso profano de una que ya no sea apta para el culto, para imponer tributos a personas jurídicas públicas, etc.

De entre los miembros del consejo presbiteral, el obispo elige libremente al *colegio de consultores* (c. 502), un grupo de entre 6 y 12 que es el principal órgano asesor del obispo; su carácter más reducido favorece la convocatoria frecuente y el mantenimiento de la discreción de los temas consultados. Tiene encomendada por ley importantes atribuciones, sobre todo en caso de sede vacante (cc. 419-ss).

Desde la perspectiva sinodal, cabe resaltar que son consejos *obligatorios*, de cuya consulta no puede prescindir el obispo en su gobierno de la diócesis, lo que ayuda a evitar la arbitrariedad en la toma de decisiones. No obstante, resulta cuestionable que se considere "senado" del obispo —al que se encomienda la marcha de la diócesis y las decisiones de más calado— únicamente a los sacerdotes, como ocurre con el consejo presbiteral.

Asimismo, respecto al colegio de consultores, cabría plantearse si, dada la libertad del obispo de elegir a los miembros de dicho Colegio —y, más hondamente, de consultar y asesorarse con quien estime oportuno— no sería conveniente desligar este colegio de consultores del consejo presbiteral, permitiendo en él la inclusión también de laicos, en virtud de su competencia y preparación, del desempeño de determinados oficios eclesiásticos, etc. No obstante, dada las importantes competencias que la ley otorga a este Colegio, especialmente en caso de sede vacante, esta ampliación exigiría una previa reforma del Código.

### c) El consejo diocesano de pastoral

Regulado en los cc. 511-ss, es un organismo creado por el Concilio Vaticano II como instrumento de participación de toda la comunidad diocesana en el gobierno pastoral encomendado a los obispos, por lo que está constituido por sacerdotes, religiosos y, *principalmente* —dice el c. 512— laicos. Aunque es de carácter consultivo, su función es "valorar las actividades pastorales de la diócesis y sugerir conclusiones prácticas sobre ellas".

Se trata del consejo que mejor refleja la diversidad del pueblo de Dios y que puede constituir un ejercicio de sinodalidad muy destacado, de comunión entre clérigos, laicos y religiosos, y de todos ellos con el obispo. Por este motivo, resulta llamativo que venga regulado en el Código con carácter *discrecional*, pues se constituirá "en la medida en que lo aconsejen las circunstancias pastorales", a juicio del obispo (c. 511). Por otro lado, en caso de estar establecido, sí prevé el derecho que debe convocarse "por lo menos una vez al año", si bien corresponde exclusivamente al obispo su convocatoria (c. 514), sin que se establezca ninguna sanción ni ninguna vía alternativa de convocatoria en caso de incumplimiento.

Junto con este consejo pastoral diocesano, también prevé el Código la posibilidad de que el obispo, oído el consejo presbiteral, constituya en cada parroquia *consejos pastorales parroquiales*, presididos por el párroco. Estos consejos, que son un cauce de participación y corresponsabilidad de los fieles en la vida de la parroquia, tienen también, como el diocesano, un carácter meramente *consultivo* y se regirá por las normas que establezca el obispo diocesano (c. 536).

De cara al logro de la sinodalidad, convendría potenciar, en las iglesias particulares, la constitución de estos consejos de pastoral —a nivel diocesano y parroquial— y la toma en consideración de sus aportaciones. El Código fija unos mínimos que convendría que los obispos no solo cumplieran, sino que sobrepasaran con amplitud, desde la convicción de la importancia de la participación de todo el pueblo de Dios. Desde una perspectiva sinodal, parece difícil afirmar que las "circunstancias pastorales" no hagan aconsejable la creación de estos consejos; de algún modo, la excepción —lo que habría que justificar— no es su necesidad, sino la no constitución de los consejos de pastoral, en cualquiera de sus niveles. Asimismo, nada impide que la convocatoria de estos consejos se realice con más frecuencia, si, como en el caso del consejo diocesano, la frecuencia anual parece insuficiente para poder realizar adecuadamente su misión.

En cualquier caso, debe reconocerse que esta regulación universal de los consejos de pastoral, innovadora en su momento, se ha quedado corta con el paso de las décadas, por lo que sería conveniente una reforma del Código que establezca este consejo con carácter obligatorio en todas las diócesis: así ocurre ya el caso de los ordinariatos para anglicanos creados más recientemente[24], y en este sentido se ha pronunciado la Asamblea General del Sínodo (DF 104), proponiendo además otras mejoras, como el reconocimiento de la facultad de sus miembros —clérigos o laicos— de proponer temas para su inclusión en el orden del día (DF 105).

### d) Consejos de asuntos económicos

Aunque de carácter minoritario y marcadamente técnico, es un consejo que contribuye a un gobierno sinodal de la Iglesia en cuanto que refleja la transparencia y la corresponsabilidad de los fieles en asuntos tan delicados como la administración de los bienes económicos y del patrimonio de la diócesis, la toma de decisiones económicas y el control de los gastos[25].

Regulado a nivel de iglesia particular en los cc. 492-ss, el consejo diocesano de asuntos económicos es un consejo *obligatorio*, con relevantes funciones de control del presupuesto y de los gastos diocesanos; además, el obispo necesita su *consentimiento* —no únicamente su consulta— para los actos de administración extraordinaria. Está constituido por "al menos 3 fieles verdaderamente expertos en materia económica y derecho civil", por lo que suele ser frecuente la participación de laicos. De cara a la evitación de abusos y de arbitrariedades en las cuentas, quedan expresamente excluidos de este consejo los familiares del Obispo hasta el cuarto grado por consanguinidad o afinidad (c. 492.3).

Asimismo, también obligatoria resulta, en cada parroquia, la constitución del *consejo de asuntos económicos parroquial*, que se regirá por el derecho

---

24. J. San José Prisco, "Las estructuras de la sinodalidad…", cit., 165.

25. En este campo se ha producido una reforma legislativo que refleja la revalorización de la *consulta*, al introducir el c. 1376 §1, 2º del reciente libro VI del Código de Derecho Canónico un nuevo delito: el de "quien, sin la consulta, el consenso o la licencia prescritos, o bien sin otro requisito impuesto por el derecho para la validez o para la licitud, enajena bienes eclesiásticos o realiza actos de administración sobre los mismos". Se trata de un interesante ejemplo de protección penal de la consulta, pues su omisión es constitutiva de delito también cuando dichas consultas no se requieren para la validez canónica del acto de enajenación o de administración, e incluso cuando no se provoca daño al patrimonio eclesial; lo relevante es que "se ha vulnerado el derecho o el deber de otras instancias de intervenir en la decisión" (Dicasterio para los Textos Legislativos, *Subsidio Aplicativo del Libro VI del Código de Derecho Canónico*, Ciudad del Vaticano 2023, n.110). Se trata de un sugerente ejemplo de protección penal de la sinodalidad, si bien limitado, en este caso, a la gestión del patrimonio eclesial.

universal y por las normas dadas por el obispo diocesano (c. 537). Como el diocesano, este consejo deberá estar integrado por fieles expertos en disciplinas económicas y jurídicas que ayuden al párroco en la administración de los bienes de la parroquia.

### e) La curia diocesana

Además de los consejos anteriormente señalados, la curia diocesana constituye, como afirma el documento de la Comisión Teológica Internacional, aquel organismo destinado a colaborar, de modo estable, en el *ejercicio ordinario del gobierno* del obispo en la diócesis, conforme al c. 469.

También en este ámbito de la Curia existen instituciones de participación sinodal que conviene potenciar: aunque el obispo es el responsable último de la actividad administrativa y judicial y de la dirección de la actividad pastoral de la diócesis, ya el Código, en el c. 473,4, preveía la posibilidad de que el obispo constituya un *"consejo episcopal*, formado por los vicarios generales y episcopales"*, que le ayuden a coordinar y fomentar mejor la acción pastoral. Nada impide, sin embargo, y así se ha ido haciendo en algunas diócesis, que el obispo incluya en este consejo episcopal a otras personas —también a laicos— con responsabilidades en la curia diocesana o en la acción pastoral de la diócesis.

Por otro lado, el Código deja al juicio del obispo la conveniencia de constituir este consejo, si bien en la primera sesión de la Asamblea sinodal de 2023 se propuso que se convierta en obligatorio (12,k).

Más allá de este consejo episcopal, la misma constitución y estructura de las curias diocesanas, con sus oficios eclesiásticos, abren un cauce ordinario de *colaboración cualificada de los fieles, clérigos o laicos, con el obispo*. Frente al clericalismo existente anteriormente, ya el Código de 1983, recogiendo la eclesiología conciliar, estableció el principio de capacidad de todos los fieles —también los laicos— para desempeñar encargos eclesiales y para ocupar oficios eclesiásticos, según su formación y competencia (c. 228,1), así como para cooperar en el ejercicio de la potestad de régimen (c. 129,2). Desde esta perspectiva inclusiva, la progresiva entrada de fieles laicos en cargos anteriormente desempeñados por clérigos, además de aportar frecuentemente una mayor profesionalidad, pone de manifiesto la dimensión sinodal de la curia diocesana y el principio de participación y corresponsabilidad de los laicos, normalizándose la colaboración estable de fieles con la autoridad eclesiástica[26].

Así, conforme al Código de Derecho Canónico, en las curias *administrativas*, los laicos pueden desempeñar oficios eclesiásticos como canciller, vicecanciller y notarias (cc. 482 a 484), ecónomos diocesanos (c. 494), censor de libros (c. 830,1), administradores de personas jurídicas públicas eclesiásticas (cc. 1279-1280), o actuar como delegados del obispo en los ámbitos o sectores de actuación que este estime oportuno.

Más notable aún es la posibilidad de colaboración laical en la *administración de justicia eclesial*, pudiendo los laicos ejercer prácticamente todos los oficios, excepto el de vicario judicial: así, además de notarios, secretario del tribunal, fiscal (promotor de Justicia) y defensor del vínculo (c. 1435), los laicos pueden ser nombrados jueces en las causas de nulidad matrimonial, contribuyendo de este modo a la *pastoral judicial* del obispo respecto a tantas situaciones matrimoniales difíciles[27].

Dada la amplitud con que el Código permite el nombramiento de fieles laicos, con la debida formación, para el desempeño de estos oficios eclesiásticos, convendría fomentar, desde criterios de sinodalidad, la efectiva aplicación de estas disposiciones en las iglesias particulares, pues en ocasiones se observan injustificadas resistencias, por parte de los obispos, a nombrar laicos para estos oficios.

Con frecuencia, dichas reticencias se dan sobre todo respecto al nombramiento de laicos para oficios eclesiásticos (p.e., juez) que supongan el ejercicio de la potestad de régimen. Sin perjuicio de que pueda seguirse profundizando,

---

26. C. Peña, "Sinodalidad y laicado. La participación de los laicos en la vocación sinodal de la iglesia", *Ius Canonicum* 59 (2019) 731-765.

27. Así lo establece el m. p. *Mitis Iudex Dominus Iesus*, que suprime la anterior exigencia de permiso previo de la Conferencia Episcopal, y permite que los jueces laicos sean mayoría en el tribunal colegial. Sobre el sentido pastoral de esta reforma de los procesos de nulidad matrimonial, entre otros, M. J. Arroba Conde y C. Izzi. *Pastorale giudiziaria e prassi processuale nelle cause di nullità del matrimonio*, San Paolo, Milan 2017; C. Peña, "La reforma de los procesos canónicos de nulidad matrimonial: el motu proprio *Mitis Iudex Dominus Iesus*", *Estudios Eclesiásticos* 90 (2015) 621-682; etc.

a nivel doctrinal, en la relación *potestad de orden – potestad de régimen*[28], la cuestión ha quedado resuelta, en la ley universal, con la reciente reforma de la Curia romana por medio de la constitución apostólica *Praedicate Evangelium*, de 19 de marzo de 2022, donde se afirma y concreta el principio de responsabilidad bautismal incluso al más alto nivel de organización curial: así, tras situar expresamente la sinodalidad como uno de los principios inspiradores de la reforma, se afirma el carácter *vicario* de la Curia romana y se reconoce que cualquier fiel puede ser miembro e incluso presidir un dicasterio u otros organismos, así como ejercer la potestad ordinaria vicaria en virtud de la *missio canonica* recibida del Romano Pontífice[29].

Se trata de una disposición relevante, por su alcance y por el principio general que establece, pues lo predicado respecto a la Curia romana es igualmente aplicable a las curias diocesanas. De algún modo, supone el reconocimiento de que la intervención de laicos —varones y mujeres— en responsabilidades de gobierno eclesial no se justifica por la ausencia de sacerdotes que puedan hacerse cargo de ellas, sino porque son una riqueza para la vida eclesial y pueden aportar su específica contribución y modo de hacer la cosas[30].

## f) Las unidades pastorales

Las *unidades pastorales*, reguladas por el directorio *Apostolorum successores*, engloban diversos supuestos de hecho previstos en el Código: grupo de sacerdotes que rigen solidariamente una o varias parroquias (c. 517 § 1); la encomienda de varias parroquias cercanas a un solo párroco (c. 526 § 1); un vicario parroquial para un específico ministerio en diversas parroquias determinadas (c. 545 § 2)[31]. Se trata de instituciones que, aunque vinieron motivadas, en su

---

28. A. Viana, "El problema de la participación de los laicos en la potestad de régimen: dos vías de solución", *Ius canonicum* 54 (2014) 603-638.

29. Así lo destacó el Card. Ghirlanda en la presentación oficial del documento: *Conferenza Stampa di presentazione della Costituzione Apostolica "Praedicate Evangelium" sulla Curia Romana e il suo servizio alla Chiesa nel mondo. 21.03.2022*: <https://press.vatican.va/content/salastampa/it/bollettino/pubblico/2022/03/21/0192/00417.html>.

30. C. Peña, "La mujer en la Iglesia Católica...", cit., 646-649.

31. F. Coccopalmerio, "Las así llamadas 'unidades pastorales': motivos, valores y límites", *Revista Española de Derecho Canónico* 66 (2009) 487-498.

origen, por la escasez de sacerdotes, pueden también contribuir, desde una visión renovada de las mismas, a la unificación y coordinación de la acción pastoral, pues, como destaca el *Directorio*, su finalidad es "promover formas de colaboración orgánica entre parroquias limítrofes, como expresión de la pastoral de conjunto" (n 215b); desde una perspectiva sinodal, estas unidades dan pie a un mayor protagonismo de los laicos y de la entera comunidad, realizando la corresponsabilidad de los fieles laicos en la misión eclesial[32].

Especialmente significativa es la disposición del c. 517,2 que permite al obispo, en caso de escasez de sacerdotes, encomendar el *ejercicio de la cura pastoral de la parroquia* a un laico, a una comunidad o a un diácono.

### g) Otros ámbitos diocesanos de participación laical

Más allá de las situaciones derivadas de la escasez de sacerdotes, hay muchos ámbitos donde, en clave sinodal, la participación de los laicos, incluyendo aquí a las mujeres, debería fomentarse más activamente, sin necesidad de que exista un déficit de sacerdotes.

Así ocurre, p.e., con la participación de los laicos en los *programas formativos de los seminarios y en la docencia en facultades eclesiásticas*, tratándose este de un campo fundamental para evitar el peligro de clericalismo. El Código permite con toda amplitud a los laicos —varones y mujeres— estudiar y alcanzar todos los grados académicos en disciplinas teológicas y canónicas, y ser nombrados profesores de dichas disciplinas en facultades eclesiásticas (c. 229), pero todavía se observa en algunos ámbitos reticencias a designar a laicos para esta función.

Tampoco hay ninguna norma que prohíba a los laicos la docencia en los seminarios (cc. 229,3 y 253) y, de hecho, la *Ratio fundamentalis institutionis sacerdotalis* recomienda incrementar la presencia laical y específicamente femenina entre el profesorado, aunque sin llegar a ser mayoritaria en el claustro (*Ratio*, nn. 143, 151). Sin embargo, en este campo de la formación de los seminaristas las reticencias a la aplicación de estas posibilidades abiertas por el derecho suelen ser aún mayores, por lo que resulta apropiada la propuesta de la

---

32. A. Borras, "Unidades pastorales y pastoral de conjunto: la participación de los fieles junto con los pastores en la actividad evangelizadora", *Revista Española de Derecho Canónico* 66 (2009) 645-666.

Asamblea sinodal de garantizar "un acceso más amplio de laicos y laicas a los puestos de responsabilidad en las diócesis y las instituciones eclesiásticas, incluidos los seminarios, los institutos y las facultades de Teología" (DF 77,b), animando a incrementar la presencia femenina y la formación en sinodalidad en la preparación de los seminaristas, sin excluir, en su caso, la revisión de la *Ratio sacerdotalis* (DF 148).

Otro campo en que la participación laical resulta determinante para evitar el riesgo de clericalismo es el de la *prevención y respuesta a los abusos sexuales cometidos por clérigos*. Aunque no sin limitaciones, el derecho canónico universal va permitiendo progresivamente una creciente participación de laicos, varones y mujeres, en la investigación y en los procesos canónicos —administrativos o judiciales— de los delitos penales cometidos por clérigos. Estos procesos, tradicionalmente reservados a sacerdotes, han ido abriéndose, desde el m. p. *Vos estis lux mundi*, a la participación de laicos. La actual regulación canónica universal permite a los laicos, delegados por el obispo, participar en la investigación previa de las denuncias, así como, una vez abierto el proceso penal, desempeñar los oficios de abogado y de asesor; también se prevé con amplitud la posibilidad de dispensa para ser nombrados en los restantes oficios[33].

Pese a valorar los progresivos avances, se trata de un campo en que se hace necesaria una reforma de la legislación vigente: en concreto, convendría suprimir del Código la disposición del c. 483,2 que exige la condición sacerdotal a los notarios que intervengan en los procesos —como los penales— en los que se ponga en cuestión "la buena fama" de un sacerdote, disposición que manifiesta cierto clericalismo y que carece de justificación objetiva; de hecho, es una disposición que se dispensa con relativa facilidad. Y, más ampliamente, convendría suprimir las limitaciones que aún existen dentro de la abundante y dispersa normativa reguladora de los procesos penales canónicos a la intervención de laicos, varones y mujeres, en estos procesos, como también se ha solicitado en la Asamblea sinodal, que propugna "el aumento del número de laicos y laicas cualificados que se desempeñen como jueces en los procesos canónicos" (DF 77, d).

---

33. Sobre la compleja regulación de estos procesos penales, me remito a Carmen PEÑA, "La mujer en la Iglesia Católica...", cit., 621-662.

En cualquier caso, en espera de esta posible reforma legislativa universal, existe un amplio margen, a nivel de iglesias particulares, de designar laicos —y mujeres— al frente de las oficinas para la recepción e investigación de denuncias contra sacerdotes, para el acompañamiento de las víctimas, etc. Y también pueden los obispos —previa solicitud de dispensa al dicasterio— fomentar la participación de laicos debidamente preparados en estos procesos.

Por otro lado, aunque los abusos sexuales cometidos en ámbitos eclesiales son especialmente graves, también constituye un reto pendiente para el derecho canónico ayudar a prevenir y regular el modo de actuar en casos de *abuso de autoridad, espiritual o de conciencia*, cuyo alcance y contenido exacto distan de estar claros. Más allá de su configuración penal, es preciso ir generando un cambio en los hábitos y modos de gobierno que ayuden a evitar los abusos y la arbitrariedad. El objetivo no es solo evitar ejercicios abusivos o delictivos de la autoridad, sino ir creando, de modo proactivo, dinámicas y hábitos de buen gobierno en el ejercicio de la autoridad en la Iglesia, así como promover una cultura del cuidado (*safeguarding*) a todas las personas, y muy especialmente a las más vulnerables[34], todo lo cual guarda también relación directa con la concepción sinodal de la Iglesia, como recuerda el *Documento final* (DF 150).

---

34. Véase el número monográfico de la revista "Estudios Eclesiásticos" *Construyendo espacios eclesiales libres de abusos*, donde se recogen las investigaciones del *Proyecto Jordán* sobre las causas estructurales del abuso de poder (conciencia, autoridad, sexual, etc. ) en el seno de la Iglesia católica, de las Universidades Jesuitas de España: *Estudios Eclesiásticos* vol. 99, n. 388 (enero-marzo 2024).

# 6. VOTO CONSULTIVO VS. VOTO DELIBERATIVO
## LA IMPORTANCIA DE EJERCER BIEN LA CONSULTA Y DE LOGRAR PROCESOS DECISIONALES COMPARTIDOS

Desde la perspectiva sinodal, una crítica frecuente es el carácter consultivo de la mayoría de los consejos canónicamente establecidos, no faltando voces que propugnan la preferencia por el voto deliberativo, en cuanto que el resultado de este obliga a la autoridad. Se trata sin embargo de una solicitud que tiene también sus inconvenientes, tanto eclesiológicos como prácticos, pues no siempre pueden exponerse en un consejo, especialmente si es amplio, algunas consideraciones que exigen cierta reserva, datos privados de las personas, etc.

No obstante, aun manteniéndose el carácter consultivo de estos consejos, conviene no minusvalorar su importancia y, sobre todo, aplicar bien la consulta, tomando en consideración criterios de sinodalidad —que aconsejan superar la concepción polarizante de este binomio[35]— pero también los estrictamente canónicos. Como destacó el documento de la Comisión Teológica Internacional, la sinodalidad no supone suprimir el papel y responsabilidad propios de la autoridad jerárquica en la Iglesia, sino animar a una mayor participación de los fieles en el proceso de elaboración de las decisiones que le corresponde tomar a la autoridad, desde la distinción entre el proceso de *elaboración* de la decisión (*decision making*) y la *toma* de la decisión por la autoridad competente (*decisión taking*). Son relevantes, en este sentido, las indicaciones de la Asamblea sinodal respecto a la necesidad de una "corresponsabilidad diferenciada" (DF

---

35. Borras destaca la inadecuación de este binomio consultivo-deliberativo y el carácter en sí mismo poco acertado de la terminología canónica del voto "solo consultivo", que induce a minusvalorar esta consulta: A. Borras, "La sinodalidad como elaboración conjunta de decisiones: salir del punto muerto del *votum tantum consultivum*", *Revista Teología* 58 (2021) 93-111.

89) y de evitar contraponer las fases de elaboración y toma de decisión (DF 90) o de consulta y deliberación (DF 92).

La consulta implica ya a quien la solicita y, en este sentido, es necesario hacerla bien: por parte de los consultados, manifestando su opinión con sinceridad y *parresía,* sin dejarse llevar por respetos humanos o el deseo de agradar a la autoridad; por parte de la autoridad, evitando hacer pasar por consultas lo que no pasa de ser la trasmisión, a un órgano teóricamente *consultivo*, de una decisión ya previamente tomada por la autoridad competente[36].

Por otro lado, conforme a los criterios canónicos, aun afirmándose el papel y responsabilidad propio de la autoridad jerárquica en la toma de la decisión, también se indica que la autoridad no debería apartarse del resultado de la consulta, especialmente si dicho resultado es conforme. Así lo dispone expresamente el Código, tanto para las consultas colectivas (c. 127 § 1) como individuales (§ 2):

> Aunque el superior no tenga ninguna obligación de seguir ese parecer, aun unánime, no debe sin embargo apartarse del dictamen, sobre todo si es concorde, sin una razón que, a su juicio, sea más poderosa (c. 127 § 2, 2º).

Es un criterio que respeta tanto la libertad y responsabilidad propia de la autoridad en la toma de decisiones como la importancia de escuchar y dejarse orientar por los consultados en la toma de decisiones, especialmente si las respuestas son coincidentes. No tiene sentido consultar si no se va a atender a las respuestas de dicha consulta, por lo que la norma general deberá ser pronunciarse en el sentido indicado por los consultados; solo si hay razones imperiosas será lícito y oportuno que la autoridad decida en sentido distinto.

Se trata, en definitiva, de articular procesos decisionales sinodales y participativos, que impliquen al pueblo de Dios, sin perjuicio de la responsabilidad propia de la autoridad (DF 93-94), y que no se agoten en la toma de la decisión, sino que se abran a la posterior evaluación y rendición de cuentas (DF 95-102).

---

36. A. Viana, "Consultar no es informar de una decisión ya tomada. Comentario de la sentencia de la Signatura Apostólica de 27 de noviembre de 2012", *Ius Canonicum* 55 (2015) 763-767.

# 7. ESTRUCTURAS SUPRADIOCESANAS
## DE PARTICIPACIÓN Y ORGANIZACIÓN

En el Código de Derecho Canónico, la sinodalidad y la colegialidad episcopal se manifiestan también en las agrupaciones de iglesias locales, entre las que cabe destacar las siguientes:

### a) Los concilios particulares

Los cc. 439-446 del Código regulan la convocatoria de los concilios particulares, que pueden ser *plenarios* —si engloban a todas las iglesias particulares de una misma conferencia episcopal— o *provinciales,* si reune a las diócesis de una misma provincia eclesiástica. Serán respectivamente la Conferencia Episcopal o el Metropolitano, con consentimiento de la mayoría de los obispos sufragáneos, quienes convoquen el concilio particular y determinen los temas a tratar. En su actual regulación en el Código, se prevé que pueden ser invitados, además de los obispos —que tendrían voto deliberativo— otra serie de fieles (sacerdotes, religiosos y laicos), si bien solo con voto consultivo y en una proporción determinada.

Se trata de una institución con capacidad legislativa que tuvo históricamente gran importancia y que tiene una gran potencialidad para una vivencia sinodal de la Iglesia, si bien convendría, como han destacado las sesiones de la Asamblea sinodal, revisar su regulación positiva para permitir una mayor participación de todo el pueblo de Dios (RS 19,h), así como establecer su celebración periódica y mejorar el procedimiento de reconocimiento de sus decisiones (*recognitio*) por la Santa Sede (DF 129).

### b) Las provincias eclesiásticas

Las provincias eclesiásticas, a cuyo frente se sitúa el Metropolitano (cc. 431-438), aparecen como un lugar privilegiado de comunión de las iglesias particulares y de los obispos diocesanos de un mismo territorio. Lejos de verse como una mera estructura administrativa u organizativa, la potenciación de la provincia eclesiástica desde criterios de sinodalidad —solicitada por la Asamblea sinodal (DF 119)— permitiría una vivencia más activa de la comunión entre las iglesias locales vecinas, que además de realizar la colegialidad entre los obispos de la provincia podría crear cauces de participación e implicación de todo el pueblo de Dios para afrontar conjuntamente retos pastorales comunes.

### c) Las conferencias episcopales

Las conferencias episcopales son estructuras de colegialidad episcopal que brindan particulares oportunidades de avanzar hacia una Iglesia sinodal, proponiendo el Sínodo la conveniencia de potenciar y repensar su estatuto teológico y jurídico (DF 125, a). Al no venir configuradas de suyo como instancias de gobierno eclesial —aunque tengan un cierto margen para tomar decisiones vinculantes— sino como un cauce de diálogo y coordinación de los obispos del mismo país, juegan un papel destacado para la colegialidad y comunión entre los obispos, a la vez que favorecen una mayor presencia pública de la Iglesia.

Convendría, pues, avanzar hacia una mayor integración de sacerdotes, religiosos y laicos en los órganos estables de asesoría y consulta que existen en las comisiones de las conferencias episcopales, así como aquellas que puedan crearse para el estudio de cuestiones concretas; también pueden abrirse procesos participativos de consulta pública para escuchar el sentir de colectivos concretos, o de la comunidad cristiana al completo, sobre problemas que afecten a la presencia pública de la Iglesia en esa nación[37].

### d) Otras estructuras supranacionales

La Asamblea sinodal anima también a profundizar en el estatuto teológico y jurídico de otras estructuras de participación y comunión supraestatales, como las agrupaciones continentales de conferencias episcopales —previstas en el c. 459— y a la rica experiencia de las Asambleas Eclesiales Continentales celebradas en 2023 como parte del proceso sinodal (DF 126).

---

37. A modo de ejemplo, la Conferencia Episcopal Española abrió, en 2021, una innovadora consulta pública a toda la comunidad educativa para la elaboración del currículo —vinculante— de Religión católica en la escuela, cuya aprobación corresponde a la Conferencia Episcopal: <https://hacianuevo-curriculo.educacionyculturacee.es/>. Sobre la potencialidad de estos procesos de consulta abierta, R. Pérez Sanjuan, "Propuestas canónicas para avanzar hacia una Iglesia sinodal desde la perspectiva del laicado", en C. Peña y J. Bernal (eds.), *Derecho canónico en una Iglesia sinodal. Aportaciones en el 40º Aniversario del Código*, Dykinson, Madrid 2023, 89-103.

# 8. CONCLUSIÓN: POTENCIALIDAD DEL DERECHO CANÓNICO PARA CONFIGURAR UNA IGLESIA ESTRUCTURALMENTE SINODAL

La propuesta de revisión del Código de Derecho Canónico —incluida en la *Relación de síntesis* de la primera sesión de la Asamblea sinodal y matizada en el *Documento final* de 2024— no puede entenderse, en mi opinión, como una llamada a una modificación integral del actual Código, que no deja de ser una concreción normativa muy valiosa de la Iglesia surgida del Concilio Vaticano II.

Sin embargo, sí es una llamada de atención sobre un aspecto importante: el de que la reflexión teológica y pastoral sobre las implicaciones de la sinodalidad necesitará ir acompañada, en su caso, de una aproximación canónica que tome en consideración:

» a) La necesidad —aun pendiente en muchas Iglesias particulares, comunidades de fieles, etc.— de aplicar bien los muchos mecanismos de participación ya previstos desde hace 40 años en la ley positiva, muchos de ellos frecuentemente infrautilizados en la práctica, a veces por reticencias injustificadas, cuando no por desconocimiento; así lo recoge el papa Francisco en su *Nota de acompañamiento*, llamando a las iglesias particulares a "ejecutar eficazmente lo que ya está previsto en el Derecho vigente".

» b) La apertura a una revisión de aspectos puntuales de la actual legislación canónica que pueden ser mejorados para que contribuyan a una mayor vivencia de la sinodalidad. La profundización en la naturaleza sinodal de la Iglesia exigirá reformas canónicas para ir adecuando la ley positiva a dicha naturaleza y ayudar a una mejor implementación de los principios de sinodalidad eclesial.

» c) En el ámbito de las iglesias locales y agrupaciones de iglesias, la "activación creativa de nuevas formas de ministerialidad y de acción misionera, experimentando y sometiendo las experiencias a verificación" (*Nota*), generalmente a través de las visitas *ad limina*. Es precisamente el ámbito local el más oportuno para articular, a través de un discernimiento sinodal que tenga en cuenta las concretas necesidades pastorales, nuevos cauces de ministerialidad y participación.

Como conclusión, una advertencia: el derecho canónico es un instrumento fundamental para la estructuración de la comunidad eclesial a todos los niveles (parroquial, diocesano, supradiocesano y universal), pero toda esta potencialidad quedará en nada si no hay una adecuada formación y conocimiento de lo que realmente permite la ley canónica y, sobre todo, una voluntad de aplicación efectiva de la misma, en todos los niveles. Esto exigirá un esfuerzo de formación de todos —pastores y fieles— en estas posibilidades, muchas de ellas vigentes ya desde hace 40 años, pero, sobre todo, una *conversión profunda del corazón*, pues todos los cambios legales y organizativos que se planteen —la ley más perfecta que pueda concebirse— serán inútiles si no hay voluntad de aplicarla[38].

---

38. C. Peña, "Sinodalidad: profundizando en la recepción eclesial del Concilio Vaticano II", *Manresa* 94 (2022) 317-322.

# SEGUNDA PARTE
## INICIACIÓN A LA SINODALIDAD

por SERENA NOCETI

# UN CAMINO
## PARA RECORRER JUNTOS

La iniciación en la sinodalidad pasa por tres caminos interconectados. En primer lugar, pide a cada cristiano, especialmente a los agentes pastorales (ministros ordenados y laicos) que reflexionen sobre sí mismos para madurar una visión más clara y una adhesión más profunda a ser una Iglesia sinodal (conversión sinodal). En segundo lugar, es necesario aprender juntos qué es la sinodalidad como forma de vivir y operar como Iglesia, suscitando nuevas experiencias marcadas por un estilo sinodal, y reflexionar juntos para remodelar el rostro de la comunidad y la acción pastoral en esta perspectiva (renovación eclesial en perspectiva sinodal). En tercer lugar, es necesario trabajar con valentía y creatividad para iniciar estructuras y procedimientos sinodales adecuados a la visión eclesial del Vaticano II (reforma de las estructuras).

# 1. CONVERSIÓN SINODAL
## PARA LA REFLEXIÓN PERSONAL

*Esta primera ficha está pensada para un momento de reflexión personal (o de dos o tres personas): nos permite profundizar en los conceptos teológico-pastorales de este Cuadernillo a partir de la escucha de la realidad, de la Palabra de Dios y de los documentos del Magisterio sobre la sinodalidad. El objetivo es acompañar la conversión sinodal: qué necesitamos cambiar en nuestra mentalidad, qué resistencias interiores debemos vencer, qué falsas ideas debemos abandonar, qué recursos y habilidades debemos compartir.*

### 1.1. Oración al Espíritu Santo
**IGNACIO HAZIM, METROPOLITANO DE LAODICEA (5.7.1968)**

Ven, Espíritu Santo,
porque sin ti Dios está lejos,
Cristo queda relegado al pasado,
el Evangelio es letra muerta,
la Iglesia es una simple organización,
la autoridad es sólo dominio,
la evangelización se reduce a propaganda;
el culto, a una evocación dramatizada,
y la actuación del ser humano es sólo una moral de esclavos.

Contigo, sin embargo, Espíritu Santo,
el cosmos es elevado y gime en el proceso de gestación del Reino,
Cristo resucitado está vivo y presente,
el Evangelio se manifiesta como fuerza de vida,
la Iglesia significa la comunión trinitaria,
la autoridad se ejerce como un servicio liberador,
la liturgia es anámnesis y anticipación,
el actuar del ser humano se hace colaboración
en la obra creadora del Padre.

## 1.2. Lectura del documento del Sínodo 2021-24
### *Ensancha el espacio de tu tienda*, nº 71

El camino sinodal ha puesto de manifiesto una serie de tensiones, explicitadas en los párrafos anteriores. No hay que tenerles miedo, sino articularlas en un proceso de constante discernimiento en común, para aprovecharlas como fuente de energía sin que se conviertan en destructivas: solo así será posible seguir caminando juntos, en lugar de ir cada uno por su lado. Por eso, la Iglesia necesita también dar una forma y un modo de proceder sinodales a sus propias instituciones y estructuras, especialmente a las de gobierno. Corresponderá al derecho canónico acompañar este proceso de renovación de las estructuras también mediante las necesarias modificaciones de las estructuras actualmente vigentes.

## 1.3. Una primera reflexión sobre mi vida

1. ¿Valoramos el derecho canónico como un instrumento pastoral que mira salvaguardar los derechos de los fieles y lograr una armoniosa relación de los carismas?

2. ¿Somos conscientes de nuestra responsabilidad como miembros de la Iglesia?

3. ¿Conocemos nuestros derechos como fieles, derivados del bautismo? ¿y los específicos según nuestro estado de vida eclesial (laicos, religiosos, ordenados...)?

4. ¿Participamos y nos involucramos en la vida eclesial, adoptando una actitud activa y comprometida, o consideramos que la Iglesia es cosa de curas y obispos?

5. ¿Cómo nos implicamos cada uno en nuestra tarea eclesial concreta?

6. En caso de tener alguna responsabilidad eclesialmente reconocida, ¿la vivimos como una carga o como una oportunidad de ser útiles?

7. Si soy miembro de algún consejo, ¿me pronuncio con sinceridad y *parresía*, o estoy constreñido por respetos humanos o por el miedo a desagradar a la autoridad?

## 1.4. Concluye con la oración de Salomón pidiendo sabiduría - Sabiduría 9

Recordar los contextos familiares, sociales, profesionales, políticos y eclesiales en los que estamos llamados a ejercer la autoridad y el poder.

*Dios de los padres y Señor de la misericordia,*
*que con tus palabras hiciste todas las cosas,*
*y en tu sabiduría formaste al hombre,*
*para que dominase sobre las criaturas que tú has hecho,*
*y para regir el mundo con santidad y justicia,*
*y para administrar justicia con rectitud de corazón.*

> *Dame la sabiduría asistente de tu trono,*
> *y no me excluyas del número de tus siervos,*
> *porque siervo tuyo soy, hijo de tu sierva*
> *hombre débil y de pocos años,*
> *demasiado pequeño para conocer el juicio y las leyes.*

*Pues, aunque uno sea perfecto*
*entre los hijos de los hombres*
*sin la sabiduría, que procede de ti,*
*será estimado en nada.*
*Tú me elegiste como rey de tu pueblo*
*y como juez de tus hijos e hijas.*
*Me mandaste construir un templo en tu monte santo*
*y un altar en la ciudad de tu morada,,*
*a imitación de la tienda santa que preparaste desde el principio..*

> *Contigo está la sabiduría, conocedora de tus obras,*
> *que te asistió cuando hacías el mundo,*
> *y que sabe lo que es grato a tus ojos*
> *y venga yo a saber lo que te es grato..*

*Mándala de tus santos cielos,*
*y de tu trono de gloria envíala,*
*para que me asista en mis trabajos*
*y para que sepa lo que te agrada.*

> *Porque ella conoce y entiende todas las cosas,*
> *y me guiará prudentemente en mis obras,*
> *y me guardará en su esplendor.*

*Así aceptarás mis obras,*
*juzgaré a tu pueblo con justicia*
*y seré digno del trono de mi padre.*

*Pues, ¿qué hombre conocerá el designio de Dios?,*
*o ¿quién se imaginará lo que el Señor quiere?*

*Los pensamientos de los mortales son frágiles*
*e inseguros nuestros razonamientos,*
*porque el cuerpo mortal oprime el alma*
*y esta tienda terrena abruma la mente pensativa.*
*Si apenas vislumbramos lo que hay sobre la tierra*
*y con fatiga descubrimos lo que está a nuestro alcance,*
*¿quién rastreará lo que está en el cielo?,*

*¿quién conocerá tus designios, si tú no le das sabiduría*
*y le envías tu santo espíritu desde lo alto?*
*Así se enderezaron las sendas de los terrestres,*
*los hombres aprendieron lo que te agrada*
*y se salvaron por la sabiduría".*

## 2. RENOVACIÓN DE LA VIDA ECLESIAL EN PERSPECTIVA SINODAL
DOS PROPUESTAS

### 2.1. Primera propuesta
### para un consejo pastoral parroquial

*Queremos examinar cómo se vive la participación y el ejercicio de la autoridad en nuestra comunidad (parroquial o diocesana).*

*Tras la oración (por ejemplo, tomada de Sab 9,1-12), el tema es introducido por un canonista o el canciller de la curia o el párroco, que ayuda a reflexionar sobre el concepto de "autoridad", orientado a "hacer crecer" a todos y a todo (como etimológicamente dice la palabra, del latín augere).*

*A continuación, nos enfrentamos a estas preguntas*

1. ¿Cómo vivimos y comprendemos la autoridad en nuestra comunidad eclesial concreta (parroquia, asociación, movimiento...)? ¿Cómo se toman las decisiones que a todos afectan?

2. ¿Hay cauces de participación real de todos los miembros en el trabajo, fines, proyectos... de la comunidad ?

3. Cuando realiza una consulta, ¿la autoridad toma en consideración el parecer de los consultados o decide al margen de ellos?

*A continuación se leen los pasajes del* Documento final *del Sínodo en los que se abordan las implicaciones jurídicas de la sinodalidad. En particular, los siguientes párrafos 89.91.92.94*

> 89. Dentro de este marco eclesiológico de referencia está el compromiso de promover la participación sobre la base de la corresponsabilidad diferenciada. Cada miembro de la comunidad debe ser respetado va-

lorando sus capacidades y dones con vistas a una toma de decisiones compartida. Se requieren formas más o menos articuladas de mediación institucional, dependiendo del tamaño de la comunidad. La legislación vigente ya prevé órganos de participación a distintos niveles, de los que se ocupará el documento más adelante.

91. Hay casos en los que la legislación vigente ya prescribe que la autoridad está obligada a consultar antes de tomar una decisión. La autoridad pastoral tiene el deber de escuchar a los participantes en la consulta y, por consiguiente, no puede actuar como si no los hubiera escuchado. No se apartará, por tanto, del fruto de la consulta, cuando esté de acuerdo, sin una razón que prevalezca y que debe ser convenientemente expresada (cf. CIC, c. 127, § 2, 2°; CCEO c. 934, § 2, 3°). Como en toda comunidad que vive según la justicia, en la Iglesia el ejercicio de la autoridad no consiste en la imposición de una voluntad arbitraria. En las diversas formas en que se ejerce, está siempre al servicio de la comunión y de la acogida de la verdad de Cristo, en la cual y hacia la cual el Espíritu Santo nos guía en tiempos y contextos diversos (cf. Jn 14,16).

92. En una Iglesia sinodal, la competencia decisoria del obispo, del colegio episcopal y del Obispo de Roma es irrenunciable, ya que hunde sus raíces en la estructura jerárquica de la Iglesia establecida por Cristo al servicio de la unidad y del respeto de la legítima diversidad (cf. LG 13). Sin embargo, no es incondicional: no se puede ignorar una orientación que surge en el proceso consultivo como resultado de un correcto discernimiento, sobre todo si es llevado a cabo por los órganos de participación. Una oposición entre consulta y deliberación es, por tanto, inadecuada: en la Iglesia, la deliberación tiene lugar con la ayuda de todos, nunca sin que la autoridad pastoral decida en virtud de su oficio. Por eso, la fórmula recurrente en el Código de Derecho Canónico, que habla de un voto "meramente consultivo" (*tantum consultivum*), debe ser reexaminada para eliminar posibles ambigüedades. Por lo tanto, parece oportuna una revisión de las normas canónicas en clave sinodal, que aclare tanto la distinción como la articulación entre consultivo y deliberativo, e ilumine las responsabilidades de quienes participan en los procesos de toma de decisiones en sus diversas funciones.

94. Una correcta y decidida implementación sinodal de los procesos de toma de decisiones contribuirá al progreso del pueblo de Dios en una perspectiva participativa, en particular a través de las mediaciones institucionales previstas por el derecho canónico, especialmente los órganos de participación. Sin cambios concretos a corto plazo, la visión de una Iglesia sinodal no será creíble y esto alejará a los miembros del pueblo de Dios que han sacado fuerza y esperanza del camino sinodal. Corresponde a las iglesias locales encontrar los medios adecuados para poner en práctica estos cambios.

*Reflexionamos sobre lo que estas palabras implican para nuestro estilo de trabajo y nuestra práctica pastoral; nos preguntamos qué cambios son necesarios y cómo podemos aplicarlos concretamente.*

*Si es posible, se compara con la experiencia de otras parroquias o comunidades donde existen "buenas prácticas" de ejercicio de la autoridad y de gobierno.*

*Concluye con los siguientes textos del Concilio Vaticano II, tomados del decreto sobre el ecumenismo* Unitatis redintegratio, *nn. 4 y 6, que instan a la necesaria reforma de la Iglesia, ilustran los criterios y presentan las razones espirituales y teológicas de la misma.*

4. [...] Pues, aunque la Iglesia católica posea toda la verdad revelada por Dios, y todos los medios de la gracia, sin embargo, sus miembros no la viven consecuentemente con todo el fervor, hasta el punto que la faz de la Iglesia resplandece menos ante los ojos de nuestros hermanos separados y de todo el mundo, retardándose con ello el crecimiento del reino de Dios. Por tanto, todos los católicos deben tender a la perfección cristiana y esforzarse cada uno según su condición para que la Iglesia, portadora de la humildad y de la pasión de Jesús en su cuerpo, se purifique y se renueve de día en día, hasta que Cristo se la presente a sí mismo gloriosa, sin mancha ni arruga. Guardando la unidad en lo necesario, todos en la Iglesia, cada uno según el cometido que le ha sido dado, observen la debida libertad, tanto en las diversas formas de vida espiritual y de disciplina como en la diversidad de ritos litúrgicos, e incluso en la elaboración teológica de la verdad revelada; pero en todo practiquen la caridad. Pues con este proceder manifestarán cada día más plenamente la auténtica catolicidad y la apostolicidad de la Iglesia.

6. Puesto que toda la renovación de la Iglesia consiste esencialmente en el aumento de la fidelidad a su vocación, por eso, sin duda, hay un movimiento que tiende hacia la unidad. Cristo llama a la Iglesia peregrinante hacia una perenne reforma, de la que la Iglesia misma, en cuanto institución humana y terrena, tiene siempre necesidad hasta el punto de que, si algunas cosas fueron menos cuidadosamente observadas, bien por circunstancias especiales, bien por costumbres, o por disciplina eclesiástica, o también por formas de exponer la doctrina —que debe cuidadosamente distinguirse del mismo depósito de la fe—, se restauren en el tiempo oportuno recta y debidamente. Esta reforma, pues, tiene una extraordinario importancia ecumenista.

## 2.2. Segunda propuesta

Al final de la celebración eucarística dominical, se entrega a todos los participantes una tarjeta con tres cánones del Código de Derecho Canónico y una explicación de los mismos en relación con la acogida del Sínodo 2021-24.

### Can. 228 §§ 1-2

Canon 228 § 1. Los laicos que sean considerados idóneos tienen capacidad de ser llamados por los sagrados pastores para aquellos oficios eclesiásticos y encargos que pueden cumplir según las prescripciones del derecho.

Canon 228 § 2. Los laicos que se distinguen por su ciencia, prudencia e integridad tienen capacidad para ayudar como peritos y consejeros a los pastores de la Iglesia, también formando parte de consejos, conforme a la norma del derecho.

### Can. 129 §§ 1-2

Canon 129 - § 1. De la potestad de régimen, que existe en la Iglesia por institución divina, y que se llama también potestad de jurisdicción, son sujetos hábiles, conforme a la norma de las prescripciones del derecho, los sellados por el orden sagrado.

Canon 129 - § 2. En el ejercicio de dicha potestad, los fieles laicos pueden cooperar a tenor del derecho.

### Can. 212 §§ 2-3

Canon 212 § 2. Los fieles tienen derecho a manifestar a los pastores de la Iglesia sus necesidades, principalmente las espirituales, y sus deseos.

Canon 212 § 3. Tienen el derecho, y a veces incluso el deber, en razón de su propio conocimiento, competencia y prestigio, de manifestar a los pastores sagrados su opinión sobre aquello que pertenece al bien de la Iglesia y de manifestar a los demás fieles, salvando siempre la integridad de la fe y de las costumbres, la reverencia hacia los pastores y habida cuenta de la utilidad común y de la dignidad de las personas.

# 3. REFORMA PASTORAL
## DOS PROPUESTAS

### 3.1. Primera propuesta

**Propuestas de creación o cambio en la regulación canónica de estructuras eclesiales**

Seminario de reflexión e investigación del obispo con el consejo episcopal, delegados de la curia arzobispal y expertos en derecho canónico de la diócesis.

Se examina el *Documento final* del Sínodo 2021-24, para reflexionar sobre su aplicación en la diócesis en relación con las cuestiones canónicas.

En particular, reflexionamos sobre las siguientes cuestiones:

1. ¿De qué modo podemos aplicar en nuestra Iglesia particular las posibilidades de participación abiertas por el derecho canónico para lograr unas estructuras eclesiales más sinodales?

2. Dentro de las posibilidades que abre el derecho particular, ¿qué consideramos que sería más urgente cambiar en la constitución o modo de funcionar de los consejos diocesanos?, ¿y a nivel supradiocesano?

Los resultados se comunican al consejo presbiteral y al consejo pastoral diocesano.

## 3.2. Segunda propuesta

Un encuentro de formación y actualización para párrocos sobre "derecho canónico e Iglesia sinodal".

Se indican cambios en la práctica pastoral para que la parroquia asuma una "forma sinodal" que ya son posibles según el derecho canónico vigente,

» dar indicaciones concretas sobre los cambios que deben introducirse en los estatutos y reglamentos de los consejos pastorales parroquiales;

» profundizar en la cuestión de la "representación legal" del párroco (canon 532), para situarla en el marco de una Iglesia sinodal y del ejercicio de la corresponsabilidad, evaluando, también en el plano civil, qué instrumentos jurídicos (delegaciones, poderes) pueden emplearse con provecho.

# BIBLIOGRAFÍA
## PARA PROFUNDIZAR

Escanea este código QR
para acceder a la Biblioteca
de Sinodalidad.

BORRAS, A., "¿Qué caminos nos abre 'Episcopalis Communio' de cara a una reforma sinodal de la Iglesia católica?", *Estudios Eclesiásticos* 97 (2022) 801-839. Acceso abierto en <https://revistas.comillas.edu/index.php/estudioseclesiasticos/article/view/18319>.

BORRAS, A., "La sinodalidad como elaboración conjunta de decisiones: salir del punto muerto del *votum tantum consultivum*", *Revista Teología* 58 (2021) 93-111. Acceso abierto en Dialnet-LaSinodalidadComoElaboracionConjuntaDeDecisiones-8187571.pdf

GARCÍA-NIETO BARÓN, M., *La presencia de la mujer en el gobierno de la Iglesia: perspectiva jurídica*, EUNSA, Pamplona 2023.

KUZMA, C. (dir.), *El laicado en una Iglesia sinodal. Corresponsabilidad, participación y misión*, San Pablo, Madrid 2024.

LUCIANI, R., NOCETI, S. y SCHICKENDANTZ, C. (coords.), *Sinodalidad y reforma. Un desafío eclesial*, PPC, Madrid 2022.

LUCIANI, R. y COMPTE, M. T. (coords.), *En camino hacia una Iglesia sinodal de Pablo VI a Francisco*, PPC-Fundación Pablo VI, Madrid 2020.

MADRIGAL, S. (ed.), *La sinodalidad en la vida y misión de la Iglesia. Texto y comentario del documento de la Comisión Teológica Internacional*, BAC, Madrid 2019.

PEÑA, C., "Sinodalidad y laicado. La participación de los laicos en la vocación sinodal de la iglesia", *Ius Canonicum* 59 (2019) 731-765. Acceso abierto en: <https://revistas.unav.edu/index.php/ius-canonicum/article/view/37658/32776>.

PEÑA, C. , "La mujer en la Iglesia Católica: situación canónica actual y perspectivas abiertas por la sinodalidad", *Ius Canonicum* 63 (2023) 621-662: <https://revistas.unav.edu/index.php/ius-canonicum/article/view/43836>.

PEÑA, C. y BERNAL, J. (eds.), *Derecho canónico en una Iglesia sinodal. Aportaciones en el 40º Aniversario del Código*, Dykinson, Madrid 2023.

VIANA, A., "El problema de la participación de los laicos en la potestad de régimen: dos vías de solución", *Ius Canonicum* 54 (2014) 603-638. Acceso abierto en <https://dadun.unav.edu/server/api/core/bitstreams/473c8331-4685-449d-b13b-e00cf88d516f/content>.

## ÚNETE A LA
## "RED DE EXPERIENCIAS Y PRÁCTICAS SINODALES"

Hemos creado la "**Red de Experiencias y Prácticas Sinodales**", un espacio destinado a compartir y celebrar las búsquedas y aprendizajes de cada comunidad. Este es un lugar donde podemos inspirarnos mutuamente, contagiarnos de esperanza y motivarnos a seguir avanzando.

En esta red, todos podemos aportar y aprender. Queremos escuchar tu voz y conocer las prácticas sinodales que has implementado en tu comunidad. Ya sea una pequeña iniciativa local o un proyecto más amplio, cada experiencia tiene el potencial de enriquecer a otros y de impulsar aún más el camino sinodal.

Te invitamos a unirte a esta red de intercambio y apoyo mutuo. Escanea el código QR y comparte tu experiencia completando el formulario. Tu historia puede ser el aliento que otra comunidad necesita para continuar su propio camino de renovación.